Philipp Winterb

FIFTEEN FEET OF TIME
पाँच मिटर को समय

musically challenged mouse with home-made guitar

English [US] (English)
Nepali (नेपाली)

Translation (English): Christina Riesenweber and Japhet Johnstone
Translation (Nepali): Sabina Hona

www.philippwinterberg.com

Idea/Text/Illustrations: Lena Hesse · Text/Publisher: Philipp Winterberg, Münster, www.philippwinterberg.com · Fonts: Lena Hesse, Patua One, Noto Sans, etc. · Photos: Philipp Winterberg, etc. · Originally published in Germany as *Fünf Meter Zeit* by Lena Hesse and Philipp Winterberg, Münster, in 2007. Copyright © 2007 Lena Hesse, Philipp Winterberg · Translations: Mica Allalouf, Manuel Bernal Márquez, Andreanna Tatsi, etc. Copyright © 2020 Philipp Winterberg · All rights reserved. No part of this book may be reproduced, stored in a retrieval system, or transmitted by any means without the written permission of the publisher.

The story that I want to tell you happened not too long ago in a city so big that it takes many days if you try to cross it by bike. Even by car it takes several hours.

This city is crammed full of life. Life that walks and stands and crawls, strolls, creeps, jumps and sometimes even flies. Nobody knows how many people exactly are living in this city, but there might be about seven and onety three quarter phantastillion ten and one billion gillion tweleven million hundred and twenty-four thousand three hundred forty-eight and eleven.

There is rarely a house that does not have at least twenty stories to accommodate all the people of the city.

And when you walk the streets of the city, the dizzy buzz of noises becomes so loud from time to time that you have to cover your ears for a bit to clear your head again.

मैले भन्न लागेको कथा धेरै पुरानो होइन । यस कथाको शहर यति ठूलो छ कि यसलाई मोटरसाइकलमा पार गर्नलाई धेरै दिन लाग्छ । कार मै पनि धेरै घण्टा लाग्छ ।

शहर निकै जिवन्त छ : त्यहाँको जिवन हिँडछ, दौडिन्छ, घिस्रिन्छ, उफ्रिन्छ र कहिलेकाहिँ उड्छ पनि । त्यस शहरमा कति जना बस्छन् कसैलाई थाह छैन, सायद सात करोड र लाखको एक तिहाइ र एक करोड खरब बाह्र लाख सय र चौबिस हजार तीन सय अठचालिस र एघार ।

शहरका सबै घर कम से कम पनि बिस तल्लाका छन् ।

बाटोमा हिँड्दा बेला-बेलमा आवाजहरु यति ठूलो हुन्छन् कि एकै छिन कान थुनेर बसेपछि मात्र दिमाग ठीक ठाउँमा आउँछ ।

In this city, there began a day just like any other, a regular weekday, when most of the people were running errands early in the morning or going to work. It must have been about seven a.m., when a small and slightly hunch-backed snail was standing at a crosswalk.

शहरमा त्यो दिन पनि अरु दिनहरु जस्तै बिहानी भयो, सबैजना बिहानै आ-आफ्नो काममा लागिरहेका थिए । बिहानको करिब सात बजेको होला, एउटा शङ्खेकिरा बाटोको छेउमा बसेको थियो ।

Status
VK gültig bis
Datum

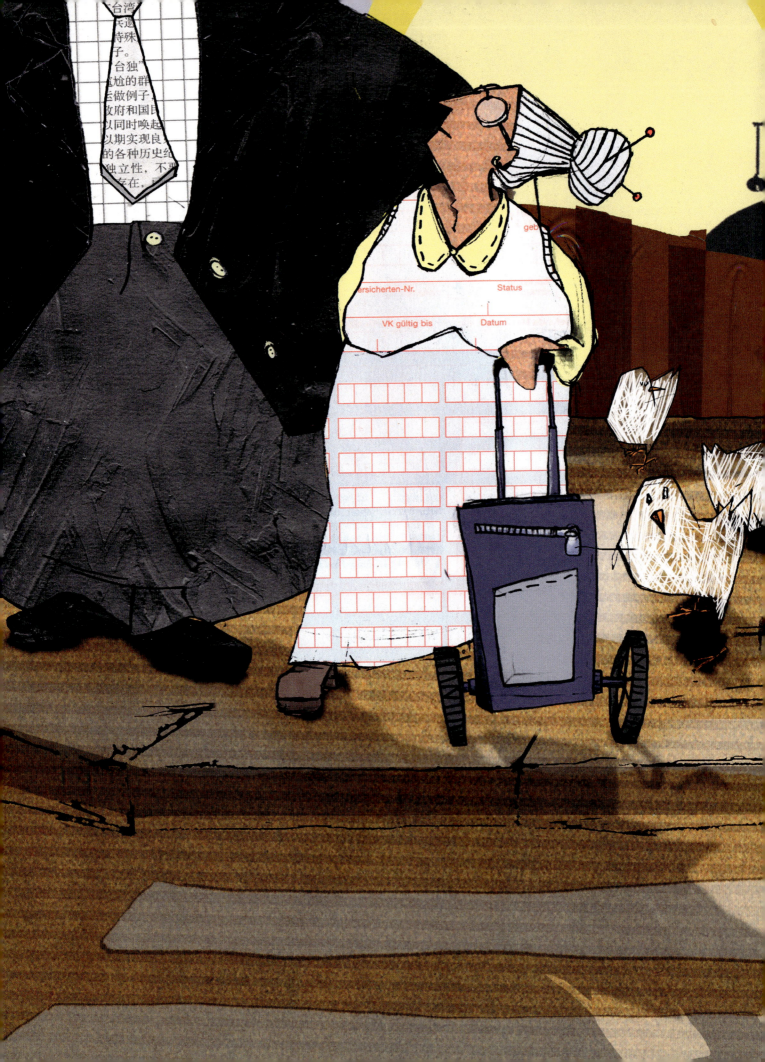

It first looked to the right ...
  ... and then to the left ...
  ... and just to be sure
also up ...
  ... and down.
You never know.

... and after it had convinced itself that all cars were still quite far away, it started its journey. And as it is common among all snaily creatures, it was moving incredibly
.............s......................l.............................
.............o......................w.............................
.l..................y......................................

It hadn't even moved three inches by the time everybody else had already crossed the street and disappeared into the bustling crowds on the other side. The first cars came, some with silently squeaking tires, to a halt in front of the crosswalk.

I know what you're expecting now: people checking their wristwatches in annoyance, noisy complaints, long blasts of honking, maybe some random ruffian picking up the little snail to carry it to the other side of the street hastily, so that things could **moveonfinallymoveon!**

That's what you're counting on, right?

Nothing like that happened.

उसले पहिले दायाँ हेर्‍यो...
अनि बायाँ हेर्‍यो...
र सावधानीको लागि माथि
पनि हेर्‍यो...
र तल पनि । के थाह,
जे पनि हुन सक्छ ।

कुनै कार नजिकै छैन भन्ने पक्का भएपछि ऊ आफ्नो बाटो लाग्यो । र अन्य शङ्खेकिराहरु जस्तै ऊ पनि निकै ढि..........ल..........ो हिड्न थाल्यो ।

अरुले बाटो काटि सकेर पारिको भिडमा मिसिने बेलामा ऊ जम्मा तीन इन्च मात्र हिँडेको थियो । कारहरु आए, र उसले बाटो काट्दै गरेको जेब्रा-क्रसिङ्गको अगाडि आएर रोकिए ।

मलाई थाह छ तपाईं सोच्दै हुनुहुन्छ कि मान्छेहरुले रिसाउँदै कराए होलान् वा ठूलो स्वरमा हर्न बजाए होलान् वा कसैले आएर उसलाई बोकेर छिटो-छिटो बाटो कटाएर अरुलाई बाटो खाली गरिदिए होलान् ।

तपाईं त्यहि सोच्दै हुनुहुन्छ होइन त ?

तर त्यस्तो केहि पनि भएन ।

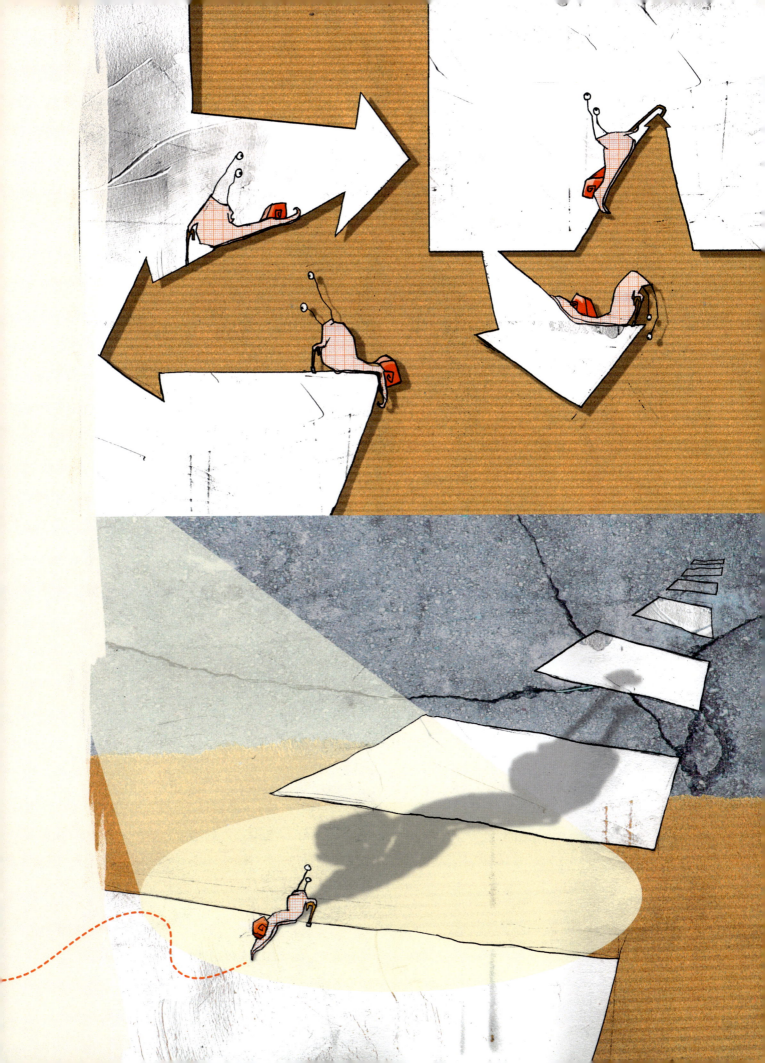

In a van that had stopped right in front of the crosswalk, there was a small tree frog. His job was to forecast the weather every day (once in the morning at six, then again at seven thirty, at noon and then again at eight in the evening).

He was the only weather-frog far and wide, and this is why he was broadcast on every TV channel in the city. The frog was about to honk his horn – considering that it was seven already and his next forecast was coming up in half an hour – when he saw, in his rear-view mirror, how behind him the sun was rising slowly and bathing all of the houses one by one in golden light.

उसको अगाडी आएर रोकिएको भ्यानमा एउटा भ्यागुता थियो । उसको काम थियो मौसमको हाल बताउने (एक चोटी बिहान छ बजे, अर्को चोटी साढे सातमा, अर्को चोटी दिउँसो बाह्र बजे र राती आठ बजे) ।

त्यो ठाउँमा मौसमको हाल बताउने भ्यागुता ऊ मात्रै थियो, त्यसैले सबै च्यानलमा ऊ नै हुन्थ्यो । भ्यागुताले हर्न बजाउनै लागेको थियो, किनकि सात बजि सकेको थियो र उसको कार्यक्रम आधा घण्टामा सुरु हुँदै थियो । तर त्यसै बेला उसले गाडिको ऐनामा देख्यो कि सूर्य निकै बिस्तारै उदाउँदै थियो, सबै घरहरुमा पालै पालो उज्यालो फैलाउँदै ।

He frowned and thought to himself: I'm always talking about the weather. And I've been doing this for so long now that I can't even recall the last time that I actually felt and enjoyed the weather. After all, there is no weather in the weather studio.

He sat like that for a moment and then he turned off the engine of his van, got out and grabbed his weather-frog ladder to climb on to the roof of a house.

And he picked the highest one in the street.

उसले सोच्योः "म सधैँ मौसमको बारेका कुरा गर्छु । मैले यो काम गरेको यति धेरै वर्ष भयो कि मैले अन्तिम पटक मौसमको मजा लिएको नै याद छैन । हाम्रो स्टुडियोमा मौसम नै हुँदैन ।

ऊ एकै छिन त्यत्तिकै बस्यो र त्यसपछि गाडी बन्द गर्‍यो । ऊ आफ्नो मौसम बताउने भर्‍याङ बोकेर एउटा घरको माथि चढ्यो ।

ऊ त्यस ठाउँको सबैभन्दा ठूलो घरमा चढ्यो ।

About the same time, an Italian violin that was famous well beyond the city limits, got out of her limousine and asked the driver to help her get on the roof of the car so that everybody would see her.

"Signorina," the driver piped up, "The rehearsal at the Philharmonic!" The violin wasn't worried. "At the Philharmonic, there are only empty rows of chairs at this point of the day. Some musically challenged mice at best!

But look around you – this place is full of people! There is no place nicer to play than this!"

As she stood on the roof, she curtsied and began to play for all the waiting people. And even though the song was very new (it wasn't to premiere until a week later and she still needed some practice) everybody was enchanted. They closed their eyes and listened in awe.

त्यसै बेलामा एउटा इटालियन भायोलिन, जो त्यो शहर भन्दा बाहिरसम्म प्रख्यात थिइन, आफ्नो लिमोजिन कारबाट निस्किइन र ड्राइभरलाई सबैले देख्ने गरि आफूलाई गाडीको माथि राख्न भनिन् ।

"म्याडम", ड्राइभरले भन्यो, "फिलहार्मोनिकको रिहर्सल ।" तर भायोलिनलाई वास्ता थिएन । "फिलहार्मोनिकमा अहिले खाली सिटहरु मात्रै छन् । कुनै संगीत नबुझ्ने मुसा बसिरहेको होला ।

तर यहाँ हेर्नुस - यहाँ कति धैरै मान्छे छन् । बजाउनको लागि यो भन्दा राम्रो ठाउँ के हुन सक्छ र ?"

गाडीको छानामा बसेर बाटो हिँड्दै गरेका सबैका लागि उनले बजाउन थालिन् । गीत नयाँ थियो (सो गीत रिलिज हुन अझै एक हप्ता बाँकी थियो, तर उनलाई अभ्यास गर्नु थियो) तर सबैजना मन्त्रमुग्ध भए । सबैजना आँखा चिम्लेर संगीतको आनन्द लिन थाले ।

There was a scuttling in an alley. A scuttling the likes of which can only come from a many-legged creature. It was the cross spider who usually is never seen during daylight. Mostly, she spent nights annoying the tenants of the house by weaving her threads across their windows and doors and even across the street to make people trip. But now, to everybody's surprise, she lowered herself from a drainpipe and listened with half-closed eyes to the music of the famous Italian violin.

Then she picked up two long, thin sticks and started – her eyes still halfway closed – knitting.

अचानक एउटा अजिबको आवाज आयो, धेरैवटा खुट्टाहरु एकै चोटी हिँडेको जस्तो । ती एउटी रिसाह माकुरी थी जसलाई कसैले दिउँसो कहिल्यै देखेका थिएनन् । ऊनी धेरैजसो राती जालो बुन्दै घरका मानिसहरुलाई सताउँथी त कहिले बाटोमा जाल बुनेर मान्छेहरुलाई अल्झाएर लडाउँथी । तर अहिले दिउँसै ढलको पाइपबाट आधा आँखा चिम्लिँदै निस्केर इटालियन भायोलिनको संगीतमा मन्त्रमुग्ध भएको देखेर सबै चकित भए ।

उसले दुइटा लठ्ठी लिइ र - आँखा चिम्लिँदैनै - बुन्न थाली ।

"What are you knitting? A scarf?" two penguins called up to the spider from the windows of their car.
"It is still way too hot for a scarf," replied the spider in a friendly tone. "I'm not quite sure what it's gonna be."
The penguins consulted with each other briefly.

"तिमीले के बुनेको ? स्कार्फ हो ?" दुइटा पेन्गुइनहरुले आफ्नो गाडीको ढोका खोलेर माकुरीलाई सोधे । "स्कार्फको लागि त अहिले निकै गर्मी छ । के बन्छ मलाई पनि थाह छैन," माकुरीले नम्र भएर भनी । पेन्गुइनहरुले एकै छिन केहि सल्लाह गरे ।

"Make a hammock!" one of them shouted.
"Yes, a hammock!" the other one backed him up. And both climbed out of their car and waddled awkwardly up to the spider.
"For the both of us!" they called out. "So we can put it up over the street and sit in it! And listen to the violin play and enjoy the sun!"
And after a little pause one said to the other:
"And maybe we can play some cards."

"एउटा ह्यामोक बनाइ देऊ न त," एउटा पेन्गुइनले भन्यो । "हो, एउटा ह्यामोक बनाइ देऊ," अर्को पेन्गुइनले थप्यो । दुबैजना कारबाट ओर्लेर ढल्मलिँदै बाटोको छेऊमा पुगे । "हामी दुबै जनाको लागि बनाइदेऊ अनि हामी त्यसमा यतै बाटोतिर बसेर घाम ताप्दै भायोलिनको संगीत सुन्छौं ।" एकै छिनपछि अर्कोले भन्यो "तास पनि खेलौँला नि"

"We could play cards!" the other one shouted to the spider and explained:
"You know, we work at the casino and there we can only watch other people play. We're just the card dealers!"

"हुन्छ तास पनि खेलौँला," एउटा पेन्गुइनले माकुरीसँग भन्यो । "हामी क्यासिनोमा काम गर्छौं तर हामी अरुले खेलेको मात्रै हेर्छौं । हाम्रो काम तास बाँड्ने मात्रै हो ।"

"Croupiers," the other whispered to him.
"Croupiers!" the first one corrected himself and then said, facing the spider:
"Will you knit a hammock for us?"

The spider smiled a friendly smile.

"क्रुपियर्स्" अर्कोले कानेखुसी गर्दै भन्यो ।
"अँ क्रुपियर्स् हौँ हामी," पहिलो पेन्गुइनले माकुरीसँग भन्यो । "हाम्रो लागि ह्यामोक बनाइदिन्छौ त ?"

माकुरी खुसीका साथ मुस्काइ ।

Because spiders know how to work threads very well, it wasn't long before the two penguins were taking off their starched tuxedos and cozying up in a big hammock, made out of soft spider wool.

While the weather-frog was sitting in the sun, and while the violin was fiddling, and while the spider was knitting, and while the penguins were playing Go Fish and Rummy, at the crosswalk, in the third row, the door of a red truck opened and a gargoyle hopped out.

माकुरीको बानी नै बुन्ने भएकाले उसले चाँडै काम सकी र पेन्गुइनहरु पनि आफ्नो कोट खोलेर माकुरीले बनाएको नरम ह्यामोकमा बस्न तयार भए ।

जब मौसम बताउने भ्यागुता घाममा बसिरहेको थियो र भायोलिन बजाउँदै थिइन र माकुरी बुन्दै थिइ र पेन्गुइनहरु गो फिश र रम्मी खेल्दै थिए तब त्यही जेब्रा क्रसिङ्गको तेस्रो पङ्क्ति मा एउटा रातो ट्रकबाट गार्गोयल निस्क्यो ।

From the outside, gargoyles don't look much different from average dragons, but instead of fire they breathe – you guessed it: water.

Because of this special ability they usually work with the fire department. Therefore, nobody was surprised to see that this particular gargoyle was traveling in a fire truck. With a steady hand he extended the metal ladder that was part of the truck. "What are you up to?" somebody asked him – because there didn't appear to be a fire anywhere nearby or a kitten stuck in a tree.

"I stand on this ladder all the time, but I've never actually considered for a single moment just enjoying the beautiful view!" said the gargoyle with a grin.
Then he started his climb.

And when he saw the big city spread out below him in the warm sunlight, he was so full of joy that he made a big cloud of shiny bubbles that floated gently to the ground and burst with a barely audible
… POP.

बाहिरबाट हेर्दा गार्गोयल कुनै ड्रागन जस्तै देखिन्छ, तर उनीहरुले आगोको सट्टामा मुखबाट पानी निकाल्छन् ।

यसै कारणले उनीहरु धेरैजसो दमकलमा काम गर्छन् । त्यसैले ऊ दमकलबाट ओर्लिंदा कसैलाई पनि अचम्म लागेन । बिस्तारै उसले फलामको भर्याङ निकाल्यो । "तपाईंले के गर्न लाग्नुभएको ?" उसलाई कसैले सोध्यो, किनकी त्यहाँ न त आगो लागेको थियो न त कुनै बिरालो रुखमा अड्केको थियो ।

म सधैँ यो भर्याङ चढ्छु तर मैले कहिल्यै पनि एकछिन बसेर यी राम्रा दृश्य हेरेको छैन ।" गार्गोयलले मुस्काउँदै भन्यो ।

त्यसपछि ऊ चढ्न थाल्यो ।

जब उसले घामको किरण परेको शहर देख्यो ऊ निकै खुसी भयो र चम्किलो पानीको बुलबुले बनायो जुन बिस्तारै तल झर्दै कसैले नसुन्ने गरि सानो स्वरमा "पप" गरेर फुटे ।

Many hours later, when the little snail had finally reached the other side of the street, the twilight of night was already approaching.

धैरै घण्टा बितिसके पछि जब त्यो शङ्खेकिरा बाटोको पारि पुग्यो तब अँध्यारो हुन लागि सकेको थियो ।

“Good to see you – I've just arrived, too!” the rabbit greeted. He had been waiting for the snail leaning against a light post. “What should we do? Are you hungry?”

“तिमीलाई भेटेर निकै खुसी लाग्यो - म पनि भर्खरै आइपुगेँ,” खरायोले उसलाई स्वागत गर्दै भन्यो । ऊ एउटा अग्लो खम्बामा अढेस लागेर शङ्खेकिरालाई कुरीरहेको थियो । “हामी के गर्ने ? तिमीलाई भोक लागेको छ ?”

"And how!" the snail sighed and its gaze turned all dreamy at the thought of fresh lettuce.

"I've been traveling for quite a while …"

The weather frog decided to drive back to the TV studio once again to make the last weather forecast of the day. The next day would be sunny, he knew that. After all, he had been watching the sky all day. For the first time, he thought, I have the feeling that I actually know what I'm talking about.

"निकै भोक लागेको छ," शङ्खेकिराले सानो स्वरमा भन्यो । ऊ ताजा सागको कल्पनामा डुब्न थाल्यो ।

"म धेरै बेर देखि हिँडिरहेको छु ।"

मौसम बताउने भ्यागुताले टि.भी. स्टुडियो गएर दिनको अन्तिम कार्यक्रम गर्ने निर्णय गर्यो । उसलाई थाह थियो अर्को दिन घाम लाग्नेछ । उसले त्यो दिनभरि आकाश हेरेको थियो । उसलाई पहिलो पटक लाग्यो "म के बोलिरहेको छु भनेर बल्ल थाह भयो ।"

Everybody else who had been waiting now continued on their way, filled with happiness from the sun, the music, and the bubbles. Some were carrying hammocks or clothes under their arms that the spider had made for them. The two casino penguins collected their playing cards, slipped back into their elegant tuxedos and gave their spot in the hammock over to the fat cross spider. She made herself cozy there and – tired from all her new impressions of the city in the daylight – fell asleep happily.

कुरेर बसेका सबैजना आ-आफ्नो बाटो लागे । मधुर घाम, संगीत र बुलबुलेले उनीहरु निकै मस्त थिए । कोहि माकुरीले बनाइदिएको ह्यामोक लिएर हिँडदै थिए त कोहि माकुरीले बुनेको लुगा । क्यासिनोका ती दुई पेन्गुइनहरुले तास बटुल्दै आफ्नो राम्रो सुट लगाए र त्यो ह्यामोक माकुरीलाई दिए । उसले आफुलाई न्यानो पारेर बसी र दिनभरि काम गरेर शहरमा रमाएकोले थाकेको भएर ऊनी मस्त सुतीन् ।

THE END
समाप्त

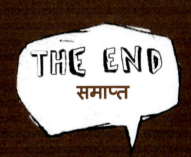

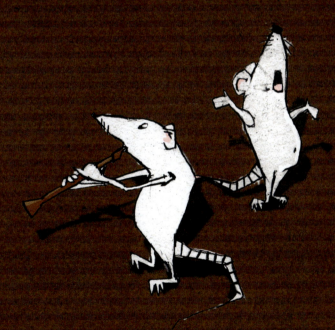

Many thanks to all translators!

Mica Allalouf, Rizky Ranny Andayani, Kristel Aquino-Estanislao, Manuel Bernal Márquez, Sanja Bulatović, Jingyi Chen, Meliha Fazlic, Rudolf-Josef Fischer, Elspeth Grace Hall, Tania Hoffmann-Fettes, Renate Glas, Sabina Hona, Tamara Hveisel Hansen, Liliana Ioan, Japhet Johnstone, Joo Yeon Kang, Şebnem Karakaş, Chi Le, Gabriele Nero, Alina Omhandoro, Marisa Pereira Paço Pragier, Juga Réka, Christina Riesenweber, Iliriana Bisha Tagani, Andreanna Tatsi, Daryna V. Temerbek, Emanuela Usai, Mai-Le Timonen Wahlström, An Wielockx, Laurence Wuillemin, Galina Konstantinovna Zakharova …

Philipp B. Winterberg M.A. studied Communication Science, Psychology and Law. He lives in Berlin and loves being multifaceted: He went parachuting in Namibia, meditated in Thailand, and swam with sharks and stingrays in Fiji and Polynesia.

Philipp Winterberg's books introduce new perspectives on essential themes like friendship, mindfulness and happiness. They are read in languages and countries all over the globe.

THE SAFEST PLACE IN THE WORLD
НАЙ-СИГУРНОТО МЯСТО НА СВЕТА
L'ENDROIT LE PLUS SÛR AU MONDE
DER SICHERSTE ORT DER WELT
IL POSTO PIÙ SICURO DEL MONDO
TUTISSIMUS LOCUS MUNDI
EL LUGAR MÁS SEGURO DEL MUNDO
STÅBIASTI SKUGGI I JARDEN
EGBERT ROUGIT
EGBERT WIRD ROT
EGBERTO ARROSSISCE
에그베르트 얼굴이 빨개졌어요
EGBERT TURNS RED
يحمر إغبيرت
DA REIN
DA RAUS
Buradan Giriyor, Buradan Çıkıyor!
ÇA RENTRE
ÇA SORT
Влетело, вылетело!
POR AQUÍ ENTRA
POR AQUÍ SALE
Entra qui, esce lì!
IN HERE
OUT THERE
ここからはいって、でていく!
Bin ich klein?
¿Soy pequeña?
Je suis petite, moi ?
هل أنا صغيرة؟
Io sono piccola?
我小吗?
Am I small?
क्या मैं छोटी हूँ?

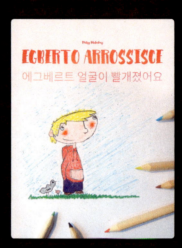

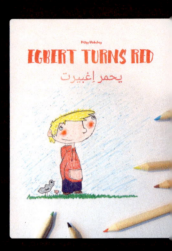

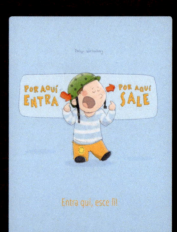

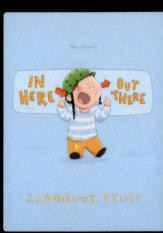

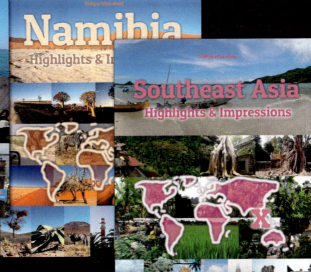

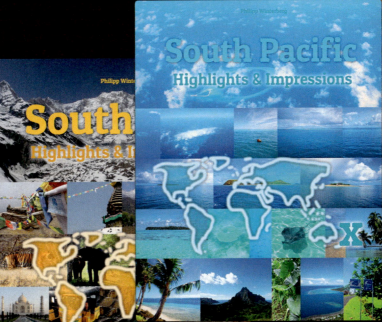

www.philippwinterberg.com

Made in United States
Orlando, FL
25 April 2022

17178172R00024